William Guy Carr, R.D.

La cospirazione per distruggere tutti i governi e le religioni esistenti

ΩMNIA VERITAS®

William Guy Carr
(1895-1959)
Comandante della Marina reale canadese

William Guy Carr (1895-1959) è stato un ufficiale di marina e scrittore canadese. Ha scritto molto sulle teorie della cospirazione, in particolare nel suo libro *Pawns in the Game*. Il suo lavoro è stato oggetto di influenze e critiche.

LA COSPIRAZIONE PER DISTRUGGERE TUTTI I GOVERNI E LE RELIGIONI ESISTENTI

The Conspiracy To Destroy All Existing Governments and Religions
Pubblicato per la prima volta nel 1958

Tradotto e pubblicato da
OMNIA VERITAS LTD

*Ø*MNIA VERITAS.
www.omnia-veritas.com

Prefazione

Informazioni sul libro

Chi ha difficoltà ad accettare il fatto che gli Stati Uniti sono l'obiettivo di cospirazioni politiche ed economiche non è pronto per questo libro che tratta di una cospirazione a un livello molto più alto.

L'uomo medio non conosce la storia e la documentazione in questione. Inoltre, non si è ancora reso conto che le Potenze del Male sono reali quanto quelle del Bene.

In questo libro il lettore viene esposto alla pubblicazione di documenti segreti da parte del professor Robison e a molte rivelazioni successive. Viene poi trasportato rapidamente nella storia dall'autore che segue il filo della cospirazione attraverso il tempo.

Improvvisamente gli avvertimenti che ha sentito riguardo a un governo mondiale diventano comprensibili, poiché viene a sapere che la cospirazione ha sempre avuto come obiettivo l'istituzione di un governo sul mondo, di cui poter usurpare i poteri. Questo è ben diverso dal governo unico che la maggior parte dei cristiani attende sia creato dal Signore.

I cospiratori hanno una filosofia completa riguardo all'umanità. Sono consapevoli che Dio ha creato questa terra e ci ha introdotti qui attraverso un metodo di nascita che ci ha privato della conoscenza personale di una precedente esistenza. Poi ci ha dotato di un intelletto che poteva ricevere ispirazione da fonti sia buone che malvagie. Con il libero arbitrio che gli è stato conferito, l'uomo era in grado di essere messo alla prova su questa terra quando il suo corpo metteva in atto le decisioni della sua mente verso obiettivi positivi o negativi.

I cospiratori hanno fatto molta attenzione a non rivelare la loro esistenza e i loro piani attraverso giuramenti segreti, ridicolizzazioni e omicidi. La vera dottrina sarà rivelata solo dopo che la loro organizzazione avrà raggiunto una supremazia dispotica. Ecco svelata un'audace e diabolica cospirazione volta a defraudare l'uomo della libertà che gli è stata data da Dio attraverso l'inganno, l'orrore e la forza.

Le masse devono essere lusingate con qualsiasi lode sontuosa e promessa stravagante, con la consapevolezza che "il contrario di ciò che promettiamo potrebbe essere fatto in seguito... questo non ha alcuna importanza

Dalla tomba parla la voce di Carr,

> "Spedite o distribuite copie di questo numero a tutti coloro che vi vengono in mente. È meraviglioso il risultato che si ottiene quando qualche copia finisce in buone mani".

Era sempre fiducioso che la verità sarebbe stata vittoriosa.

Nel 1796 John Robison, professore di filosofia umana e segretario della Royal Society di Edimburgo, in Scozia, pubblicò i documenti che gli erano stati affidati dai membri degli Illuminati di Weishaupt durante il suo viaggio in Europa prima dello scoppio della Rivoluzione francese nel 1789. Robison era un massone di alto grado. Per questo motivo gli erano stati affidati i documenti segreti. Prima di leggerli, li tenne in mano per un tempo considerevole. Quando li ebbe terminati, si rese conto che si trattava di una copia della versione riveduta di Weishaupt dell'antica cospirazione luciferiana e di una spiegazione di come intendeva usare i membri dell'Ordine e della Setta degli Illuminati per condurla al suo obiettivo finale, ossia il controllo del primo governo mondiale da istituire e l'imposizione dell'ideologia luciferiana alla razza umana mediante il satanismo dispotico.

La pubblicazione di John Robison si intitolava "*Proof of a Conspiracy to Destroy all Religions and Governments in Europe*". Le informazioni contenute confermavano semplicemente ciò che il governo bavarese aveva pubblicato nel 1786 con il titolo "Gli scritti originali (Protocolli) dell'Ordine e della Setta degli Illuminati" e ciò che anche Zwack aveva pubblicato con il titolo "Einige Originalschriften". Il governo bavarese inviò a tutti i capi della Chiesa e dello Stato, prima dello scoppio della Rivoluzione francese nel 1789, copie del piano di Weishaupt di utilizzare i suoi Illuminati, recentemente organizzati, per distruggere tutti i governi e le religioni esistenti. Ma l'avvertimento fu ignorato. Il fatto che gli Illuminati abbiano avuto il potere di mantenere la loro identità e la loro intenzione di schiavizzare la razza umana, corpo, mente e anima, come un segreto ha permesso ai cospiratori di sviluppare la cospirazione fino alla sua fase semi-finale. Lo scopo di questo articolo è quello di raccontare come si è sviluppata la cospirazione dal 1798 a oggi. Esporremo anche i dettagli del piano d'azione elaborato dal generale Albert Pike, dal 1850 al 1886, per portarla alla sua conclusione.

Weishaupt era professore di diritto canonico all'Università di Ingolstadt quando rielaborò e modernizzò l'antica cospirazione luciferiana per impedire alla razza umana di stabilire il piano di Dio per il governo della creazione su questa terra, in modo da poter imporre l'ideologia luciferiana ai Goyim (bestiame umano) per mezzo del dispotismo satanico. Dal 1770 al 1776 fu finanziato dalla nuova Casa Rothschild, esattamente come coloro che oggi dirigono le attività degli Illuminati sono finanziati dalle Fondazioni esenti da imposte istituite a tale scopo da multimilionari come i Rockefeller, i Carnegie e i Ford. Il governo bavarese scoprì la cospirazione di Weishaupt quando, nel 1786, Dio colpì a morte uno dei suoi corrieri con un fulmine mentre attraversava Ratisbona diretto a Parigi. La polizia trovò una copia della versione riveduta della cospirazione in transito verso i membri degli Illuminati di Weishaupt, accusati di aver fomentato la Grande Rivoluzione Francese. Questo primo grande progetto, che avrebbe portato alla distruzione definitiva di tutti i governi e di tutte le religioni, sarebbe dovuto scoppiare nel 1789.

Il piano di Weishaupt è estremamente semplice. Organizzò gli Illuminati e poi formò le Logge del Grande Oriente per infiltrare gli Illuminati nella Massoneria Blu o Europea, usando le Logge come loro quartier generale segreto. In questo modo i cospiratori potevano operare sotto il mantello della filantropia.

Weishaupt non volle mai che nessuno, tranne i massoni appositamente selezionati, appartenenti ai gradi superiori, apprendesse il "Segreto completo". Solo coloro che si sapeva avessero disertato completamente da Dio Onnipotente venivano iniziati ai Gradi Superiori delle Logge del Grande Oriente e veniva loro detto che gli Illuminati erano un'organizzazione segreta con l'ordine dedicato alla causa della formazione di un Governo Unico Mondiale - in qualche forma - i cui poteri intendevano usurpare per poter imporre la loro ideologia all'umanità: il culto di Lucifero. Weishaupt affermava che questa azione avrebbe garantito pace e prosperità permanenti. Solo gli iniziati all'ultimo grado potevano sapere che l'ideologia luciferiana sarebbe stata imposta alla razza umana dal dispotismo satanico.

Come sarà dimostrato, solo gli adepti del Grado Finale sono iniziati come Sommi Sacerdoti della Sinagoga di Satana; essi adorano Lucifero in contrapposizione al nostro Dio che chiamano Adonay.

Il piano che gli Illuminati mettono in atto consiste nell'utilizzare la corruzione monetaria e sessuale per porre sotto il loro controllo persone influenti. Poi le usano per portare avanti i piani segreti degli Illuminati. Anche i giovani appartenenti a famiglie benestanti con tendenze internazionali vengono selezionati e mandati in scuole private dove gli Illuminati li indottrinano con idee internazionali e li addestrano in modo che si qualifichino per ricoprire posizioni in politica e religione come "specialisti", "esperti" e "consiglieri". Gli Illuminati usano poi la ricchezza, il potere e l'influenza dei membri per collocare i loro "Agenti" in posizioni chiave dietro le quinte dell'attività finanziaria, industriale, educativa e religiosa di tutti i governi. Essi modellano poi la politica in modo che si adatti al piano luciferiano di promuovere guerre e rivoluzioni su scala sempre maggiore. Weishaupt stabilì che gli Illuminati avrebbero dovuto organizzare, finanziare, dirigere e controllare il comunismo, il nazismo e il sionismo politico per facilitare il compito degli Illuminati di dividere la popolazione mondiale in campi contrapposti in numero sempre maggiore.

Questa politica di autoeliminazione doveva continuare fino a quando solo il comunismo e la cristianità sarebbero rimasti come potenze mondiali. Quando questa fase della cospirazione sarà raggiunta, gli Illuminati dovranno provocare il più grande cataclisma sociale che il mondo abbia mai conosciuto e i Goyim controllati dai comunisti atei e quelli che professano il cristianesimo dovranno continuare a combattere fino a quando non si saranno massacrati a vicenda decine di milioni. È durante queste guerre mondiali che il diavolo raccoglie il suo raccolto più ricco di anime.

Questo massacro all'ingrosso deve continuare, mentre gli Illuminati, i loro amici milionari, gli scienziati e gli agenti si rilassano al sicuro e nel lusso in santuari autosufficienti prestabiliti (Florida meridionale, Indie Occidentali e isole del Mar dei Caraibi), fino a quando entrambe le parti non saranno letteralmente dissanguate e non saranno assolutamente esauste dal punto di vista fisico ed ecologico. A quel punto non avranno altra alternativa che accettare un Governo Unico Mondiale come unica speranza; gli Illuminati usurperanno quindi i poteri di quel governo e incoroneranno il loro leader re-despota del mondo intero.

Allora, e non prima di allora, la Sinagoga di Satana (che ha sempre controllato e controlla tutte le organizzazioni

Dio e si unissero a lui. Tra questi c'era Satana, il figlio maggiore di Adonay. Secondo la credenza luciferiana, San Michele, l'Arcangelo, è il fratello di Satana e il figlio minore di Adonay. Gli insegnamenti luciferiani ammettono che San Michele sconfisse coloro che avevano sposato la causa luciferiana in Paradiso. Questo diede inizio all'eterna inimicizia tra Satana e San Michele. Secondo l'insegnamento luciferiano, "Inferno" è la parola usata per designare il mondo celeste in cui Dio bandì Lucifero e gli esseri celesti più intelligenti che lo avevano seguito di loro spontanea volontà. Secondo il Credo Luciferiano, Dio (Adonay) decise di dare un'altra possibilità a quelle creature che riteneva fossero state ingannate per unirsi alla rivolta luciferiana.

Perciò creò altri mondi, compresa questa terra, e li abitò con i meno colpevoli che avevano disertato da Lui in cielo al momento della rivolta. Li fece a sua immagine e somiglianza, in quanto erano corpi infusi della luce spirituale della grazia santificante. In apparenza erano uguali a Cristo quando permise a Pietro, Giacomo e Giovanni di vederlo trasfigurato. Dio introdusse questi angeli caduti nei nuovi mondi con un metodo di nascita che li privò della conoscenza personale della loro esistenza precedente. Tuttavia, li dotò di un intelletto e di un libero arbitrio. Le loro menti erano costruite in modo tale da poter ricevere ispirazioni dal mondo celeste sia da coloro che erano rimasti fedeli a Dio sia da coloro che avevano aderito alla Causa Luciferiana. Le persone sottoposte a processo sono destinate a distinguere queste ispirazioni usando il loro intelletto. Il corpo mette in atto le decisioni della mente. Tutte le azioni corporee devono essere positive o negative. Ogni azione corporea è registrata nel "Libro della Vita". L'individuo decide così il suo futuro eterno; con le sue azioni corporee dimostra se ha accettato il piano di Dio per il governo dell'universo o il piano di Lucifero. I risultati sono "buoni" o "cattivi".

Secondo il Credo Luciferiano, Lucifero ha reso Satana "Principe di questo mondo" al momento della sua creazione. Il suo compito era quello di far sì che i nostri primi genitori disertassero da Dio (Adonay) e di impedire alla loro progenie di stabilire il suo piano per il governo della creazione su questa terra. Questo credo insegna anche che Dio camminò nel Giardino dell'Eden (Paradiso) senza che i genitori li istruissero sul suo piano e sul suo modo di vivere.

Fino a questo punto non sembrano esserci grandi differenze tra gli insegnamenti del Credo luciferiano e le Sacre Scritture; la differenza inizia a manifestarsi dal momento in cui Satana entra in scena.

Il Credo Luciferiano insegna (agli iniziati dei gradi inferiori dei Nuovi Riti Palladiani, organizzati da Albert Pike, di cui si dirà più avanti) che Dio (Adonay) è un Dio geloso ed egoista; ha negato ai nostri primi genitori la conoscenza dei piaceri del rapporto sessuale - il segreto della procreazione - perché desiderava riservare questi piaceri per sé. Questa è ovviamente una menzogna.

Dio ha semplicemente rimandato la divulgazione della sua volontà sulla procreazione ai nostri primi genitori fino a quando non ne avesse testato a fondo l'onestà, l'integrità e l'obbedienza, per assicurarsi che fossero abbastanza affidabili per essere incaricati del segreto e abbastanza degni di svolgere quella funzione santa e sacra che avrebbe dato agli altri la possibilità di accettare il piano di Dio per il governo della creazione. Agli iniziati al Nuovo Rito Palladiano viene detto che Satana ha concesso il più grande beneficio possibile alla razza umana quando ha iniziato Eva ai piaceri del rapporto sessuale, facendole conoscere il segreto della procreazione. Le Sacre Scritture ci dicono che Satana la indusse a disobbedire a Dio ("Dell'albero della conoscenza non mangerai") promettendole che, se avesse accettato le sue avances, sia lei che Adamo sarebbero stati resi uguali in potenza a Dio e non avrebbero mai conosciuto la morte. In altre parole, Satana introdusse Eva all'ideologia luciferiana riguardante il sesso e i rapporti sessuali (conoscenza carnale), che sono diametralmente opposti alle intenzioni di Dio; l'atto di procreazione doveva essere compiuto da un uomo e una donna uniti per la vita nel vincolo del matrimonio. Il rituale doveva essere eseguito in stretta intimità; il gioco d'amore doveva basarsi su espressioni reciproche di gioia, apprezzamento, devozione e gratitudine che ciascuno mostrava per l'altro. Il culmine doveva essere raggiunto dal desiderio spirituale di entrambe le parti di promuovere il piano di Dio per l'abitazione del mondo creando un altro essere che sarebbe cresciuto per amare, onorare e obbedire a Dio in modo da vivere felicemente con Lui per sempre.

La conquista di Eva da parte di Satana era una questione completamente diversa, come viene rievocata nel rituale della Messa Adonaicida (Messa Nera). Secondo il rituale di questa messa, il gioco d'amore di Satana fu calcolato per eccitare le passioni animali di Eva fino al punto in cui la gratificazione dell'impulso sessuale superò ogni altra considerazione. Le insegnò ad essere voluttuosa invece che pudica e contenuta; ad essere promiscua invece che fedele al suo sposo; ad impegnarsi nell'esibizionismo invece che nell'osservanza di una rigorosa privacy; ad entrare nelle perversioni e a indulgere negli eccessi invece che nella moderazione. Secondo il satanismo è perfettamente normale utilizzare qualsiasi mezzo per appagare l'impulso sessuale, sia esso animale o umano. Il Talmud babilonese (basato sugli insegnamenti cabalistici dei promotori della cospirazione luciferiana) insegna che è perfettamente corretto per un uomo usare bambini di soli tre anni per soddisfare le sue diaboliche passioni animali. Il Credo luciferiano sostiene che Caino sia nato dall'unione tra Satana ed Eva.

Sapendo che questi orrori riguardanti il sesso sono secondo l'ideologia luciferiana, possiamo riconoscere l'influenza satanica che ispira tali idee. Ma è difficile capire come i ministri delle confessioni cristiane possano esporre le seguenti teorie sull'atto matrimoniale.

Recentemente abbiamo letto in pubblicazioni ecclesiastiche, che danno voce alle opinioni dei leader di due diverse denominazioni, che è perfettamente giusto e corretto per una coppia sposata avere rapporti sessuali in qualsiasi luogo conveniente; in qualsiasi momento (compreso il periodo mestruale) e in qualsiasi posizione, a condizione che l'atto termini in modo da consentire il concepimento. Dopo aver letto questo abominevole consiglio, abbiamo concluso che gli autori hanno senza dubbio mantenuto i loro voti di celibato! C'è una grande differenza tra l'indulgenza sessuale per il solo gusto di gratificare le passioni animali e il sacro e santo rapporto instaurato da un uomo con la propria moglie, che è e rimane pura nel corpo, nella mente e nell'anima.

Gratificare la passione animale è grossolano, aggressivo, spesso perverso e sadico. L'atto d'amore e d'affetto che si compie tra un uomo e una moglie innamorati l'uno dell'altra è un rituale sacro e santo che viene definito "un sacramento".

Sotto l'influenza della propaganda degli Illuminati, troppi individui hanno stipulato il contratto di matrimonio con lo scopo di legalizzare le relazioni sessuali. Molti matrimoni non sono altro che prostituzione legalizzata; altri ancora sono matrimoni di convenienza. C'è quindi da meravigliarsi se noi esseri umani nasciamo con la macchia del peccato originale? Siamo stati concepiti nel peccato perché l'atto della procreazione non è conforme alla volontà di Dio, ma alle perversioni introdotte da Satana quando sedusse Eva. Dio, nella sua collera con i nostri primi genitori, ritirò la luce della grazia santificante dai loro corpi; a causa del loro peccato furono ridotti dalla condizione di immortali a quella di mortali e furono condannati a subire privazioni, sofferenze fisiche, malattie e morte. Ma Dio, nella sua misericordia e bontà, attraverso il suo amato figlio, Gesù Cristo, ci ha dato un'altra possibilità di rifiutare l'ideologia luciferiana insegnata dai satanisti e di accettare il suo piano per il governo della creazione.

Se ciò che spieghiamo non è la verità, allora perché la Chiesa cattolica romana dà tanta importanza al dogma dell'Immacolata concezione di Maria, madre di Gesù Cristo? La fede cattolica romana richiede a tutti i suoi membri di credere che Maria sia l'unico essere umano nato senza la macchia del peccato originale, perché concepito dallo Spirito Santo secondo il piano di Dio per il processo di procreazione.

Se Satana non avesse usato una versione perversa del rapporto sessuale per allontanare Adamo ed Eva da Dio, allora perché gli Skoptsi hanno praticato l'auto-mascolazione fin da prima dell'avvento di Cristo, e tuttora si evirano, per dimostrare che rifiutano il sesso introdotto nella razza umana nella sua forma perversa da Satana. Gli Skoptsi credono che solo evirandosi possano dedicarsi al cento per cento al servizio di Dio Onnipotente e all'attuazione del suo piano di governo della creazione su questa terra.

Gli Skoptsi deridono i ministri e i sacerdoti della religione cristiana che hanno paura di evirare se stessi per poter rendere un servizio perfetto a Dio Onnipotente. Agli apostoli di Cristo veniva spesso chiesto da coloro che desideravano diventare loro discepoli se l'auto-mascolazione fosse obbligatoria. San Matteo affronta questa domanda molto delicata nel capitolo 10, 7-12. Il versetto 12 recita: "Vi sono infatti eunuchi che sono stati fatti eunuchi dagli uomini e vi sono eunuchi che si sono fatti eunuchi per il Regno dei Cieli. *Chi è in grado di riceverlo lo riceva*".[1]

Trattando lo stesso argomento, San Paolo disse ai suoi seguaci che è meglio che gli esseri umani rinuncino ai rapporti sessuali, poiché la versione perversa dei rapporti sessuali separa molti esseri umani da Dio Onnipotente, tanto da far scrivere nelle Sacre Scritture Tessalonicesi 4:1-7: "Fratelli, come avete imparato da noi a camminare e a piacere a Dio - come del resto state camminando - così vi preghiamo ed esortiamo, nel Signore Gesù, a progredire ancora di più. Sapete infatti quali precetti vi ho dato per mezzo del Signore Gesù. Questa infatti è la volontà di Dio: la vostra santificazione; che vi asteniate dall'immoralità; che ciascuno di voi impari a possedere il proprio vaso in santità e onore, non nella passione della lussuria come i gentili (luciferiani o satanisti) che non conoscono Dio - poiché Dio non ci ha chiamati all'impurità, ma alla santità in Cristo Gesù, nostro Signore".

È su questa premessa che Sant'Agostino basa la sua opinione secondo cui è stata la perversione del rapporto sessuale, come previsto da Dio Onnipotente, unita alla disobbedienza di Adamo ed Eva alla Sua legge e al Suo

---

[1] Nota: il riferimento è a "questo sacrificio straordinario". - Ed.

piano rivelato per il governo della Creazione, aggravata da una dimostrazione di mancanza di fede nelle Sue perfezioni e nella Sua infinita bontà, a costituire il Peccato originale.

Una volta accettata e compresa questa grande verità, è semplice capire come la continua cospirazione luciferiana sia stata sviluppata su questa terra, allo scopo di schiavizzare i sopravvissuti della razza umana, corpo, mente e anima. (Questo spiega anche l'attuale inondazione di sex appeal da parte di radio, TV, immagini pornografiche, esibizioni oscene della figura femminile, canzoni sexy, ritmo rock and roll).

Voltaire scrisse che: "Per condurre le masse a un nuovo assoggettamento, gli Illuminati devono mentire loro come il Diavolo stesso, non timidamente o solo per un periodo di tempo, ma audacemente e sempre". Disse ai suoi compagni Illuministi: "Dobbiamo fare loro promesse sontuose e usare frasi stravaganti... Il contrario di ciò che promettiamo può essere fatto in seguito... questo non ha alcuna importanza".

È sulla base della premessa che un essere umano non può assecondare i propri desideri sessuali e servire Dio in modo efficiente che la Chiesa cattolica romana richiede a coloro che aspirano agli ordini sacri di fare voto di castità e celibato. Ma la cosa più rivelatrice è il fatto che la conoscenza della terribile e tremenda influenza che il sesso, come insegnato dal satanismo, ha sulla vita dei suoi adepti, ha fatto sì che alcuni uomini che sono stati ammessi come Sommi Sacerdoti del Credo Luciferiano si siano evirati, o abbiano ordinato ai loro medici di evirarsi, per evitare che le considerazioni sessuali interferissero con la loro determinazione a stabilire la dittatura totalitaria luciferiana su questa terra. Secondo fonti di informazione affidabili, Kadar è una di queste persone.

Una delle principali riviste americane, alla fine del 1956, pubblicò la storia di come Kadar prese il potere in Ungheria e pose fine all'abortita rivolta. L'autore sosteneva che Kadar era stato evirato dai suoi nemici mentre era sotto la loro custodia. Questa affermazione è una menzogna. Kadar fu castrato dal suo stesso medico su sua richiesta. Desiderava diventare un perfetto adepto della Causa Luciferiana.

Kadar è un tale fanatico che, dopo aver represso la rivolta ungherese, ordinò di evirare 45.000 giovani ungheresi fatti prigionieri. Li ha poi inviati in campi speciali dove sono stati addestrati a diventare agenti degli Illuminati per essere utilizzati per sviluppare la cospirazione luciferiana nella sua fase finale. Tutto questo è molto orribile, ma vero. Nel 1956 N.B.N. dichiarò che la rivolta ungherese era stata organizzata dagli Illuminati al di fuori dell'Ungheria e che il suo scopo era quello di testare nella pratica la fattibilità del piano di Pike di provocare il cataclisma sociale finale tra le persone controllate dagli atei-comunisti e quelle che professano il cristianesimo. Le prove che abbiamo ricevuto dimostrano che le nostre affermazioni erano assolutamente corrette.

Il Credo Luciferiano insegna che la cospirazione luciferiana avanzò a un ritmo tale che Dio decise di inviare San Michele sulla terra, sotto forma di Gesù Cristo, per fermare la cospirazione e sradicare coloro che componevano la Sinagoga di Satana; insegna anche che San Michele (Cristo) fallì nella sua missione. Pike costruì il cerimoniale della Messa Adonaicida attorno alla seduzione di Eva da parte di Satana, alla vittoria dei Luciferiani su Cristo e alla sua morte per istigazione degli Illuminati.

Cristo è venuto a redimerci liberandoci dai legami di Satana con cui siamo legati. Ci ha detto che Satana ha ottenuto il controllo su tutti coloro che occupano posti elevati nel governo, nella religione, nelle scienze e nei servizi sociali. La sua nascita in una stalla ci dimostra che se vogliamo stabilire il piano di Dio per il governo della Creazione su questa terra, dobbiamo iniziare dal basso per educare la maggioranza dell'umanità. Cristo ha chiarito in modo inequivocabile che non c'è speranza, e non serve a nulla, nemmeno tentare di partire dall'alto. L'accettazione di questa lezione creerà una rivoluzione spirituale".

Cristo ci ha anche detto che c'è un solo modo per porre fine alla cospirazione luciferiana: insegnare tutta la verità su di essa ai popoli di tutte le nazioni. Ci ha assicurato che se avessimo fatto conoscere la verità in generale e avessimo spiegato alle masse che l'ideologia luciferiana richiede la loro assoluta schiavitù, corpo, mente e anima, la reazione sarebbe stata tale che l'opinione pubblica sarebbe diventata una forza più grande di quella che potevano controllare. Sia Weishaupt che Pike ammettono questa verità. Insistono sul fatto che qualsiasi dirigente illuminista anche solo sospettato di disertare deve essere giustiziato come traditore. Sia Weishaupt che Pike ammettono questa verità. Insistono sul fatto che chi diserta deve essere giustiziato come traditore. Weishaupt scrisse che se a un uomo fosse stato permesso di divulgare il loro segreto, i loro piani avrebbero potuto subire un ritardo di tremila anni o finire del tutto. È un'informazione molto consolante. È per adempiere a questo mandato conferitoci da Cristo che raccontiamo come Weishaupt si sia servito di Thomas Jefferson per trasferire in America la versione riveduta della cospirazione luciferiana.

Jefferson era tra i finanzieri, i politici, gli economisti, gli scienziati, gli industriali, i professionisti e i leader religiosi che avevano accettato l'idea di che un Governo Unico Mondiale diretto da uomini di cervello (Illuministi) fosse l'unico modo per porre fine a guerre e rivoluzioni. Jefferson era così in alto nei consigli esecutivi degli Illuminati che fece segretamente incidere le loro insegne sul retro del Grande Sigillo d'America, in vista del giorno in cui avrebbero preso il controllo del governo. Queste informazioni sconvolgeranno un gran numero di cittadini americani, perciò citeremo documenti ed eventi storici autentici, la cui conoscenza è stata accuratamente nascosta al grande pubblico in Canada e negli Stati Uniti.

Nel 1789, John Robison, anch'egli alto massone, confermò che gli Illuminati si erano infiltrati nelle logge massoniche americane.

Il 19 luglio 1798, David A. Pappan, presidente dell'Università di Harvard, mise in guardia la classe di laurea sull'influenza che l'Illuminismo stava avendo sulla politica e sulla religione americana. (Ci chiediamo cosa avrebbe da dire su Harvard stessa se fosse vivo oggi).

Il Giorno del Ringraziamento del 1789, Jedediak Morse predicò contro l'Illuminismo. Avvertì la sua congregazione e il popolo degli Stati Uniti che gli Illuministi coprono il loro vero scopo infiltrandosi nelle logge massoniche e nascondendo le loro azioni e intenzioni sovversive sotto il mantello della filantropia.

Nel 1799, John Cosens Ogden denunciò il fatto che gli Illuministi del New England erano indefessamente impegnati a distruggere la religione e il governo in America, con finto riguardo per la loro sicurezza.

1800, John Quincy Adams si oppose a Jefferson per la presidenza degli Stati Uniti. Adams aveva organizzato le logge massoniche del New England. Scrisse tre lettere al Col. Wm. L. Stone in cui esponeva le attività sovversive di Jefferson. Si ritiene che le informazioni contenute in queste lettere abbiano permesso ad Adams di vincere le elezioni. Le lettere a cui si fa riferimento sono (o erano) esposte presso la Rittenhouse Sq. Library, Philadelphia.

Nel 1800, il capitano Wm. Morgan si assunse il compito di informare gli altri massoni su come e perché gli Illuminati stavano usando le loro logge per scopi sovversivi. Gli Illuminati delegarono uno dei loro membri, Richard Howard, a giustiziare Morgan come traditore. Morgan cercò di fuggire in Canada. Non ci riuscì.

Avery Allyn rilasciò un affidavit e giurò di aver sentito Richard Howard riferire a una riunione dei Cavalieri Templari a St. John's Hall, New York, di come avesse completato con successo la sua missione di "giustiziare" Morgan. Furono quindi presi accordi per rispedire Howard a Liverpool, in Inghilterra. I documenti massonici dimostrano che, a seguito di questo incidente, migliaia di massoni si separarono dalla Giurisdizione del Nord.

Nel 1829, un'illuminista inglese di nome "Fanni" Wright tenne una conferenza a un gruppo accuratamente selezionato di illuministi nel nuovo tempio massonico di New York. Spiegò l'ideologia luciferiana relativa al "libero amore" e alla "libertà sessuale". Informò inoltre gli Illuministi americani che si intendeva organizzare e finanziare il comunismo ateo allo scopo di portare avanti i propri piani e le proprie ambizioni segrete. Tra coloro che contribuirono a mettere in atto questa fase della cospirazione luciferiana vi furono Clinton Roosevelt (un antenato diretto di F.D. Roosevelt), Horace Greeley e Charles Dada.

1834, per nascondere il loro vero scopo, i suddetti organizzarono il partito del Loco-Foco.

Nel 1835, cambiarono il nome in "Partito Whig" e lo usarono per raccogliere i fondi utilizzati per finanziare Mordecai Mark Levi (Karl Marx) mentre scriveva "Il Manifesto Comunista" e "Das Kapital" a Soho, Londra, Inghilterra. Entrambe le pubblicazioni furono scritte sotto la diretta supervisione degli Illuminati. Furono concepite per consentire agli Illuminati di di organizzare il comunismo ateo come richiesto dal piano di Adam Weishaupt completato nel 1776.

1834, gli Illuminati nominarono Giuseppe Mazzini loro "Direttore dell'Azione Politica". Questo titolo era una copertura per la carica di "Direttore delle Attività Rivoluzionarie", Leon de Poncins a pagina 65 conferma ciò che avevo pubblicato a questo proposito in "Pedine nel Gioco" e "Nebbia Rossa sull'America", cioè che Mazzini era in stretto contatto e dirigeva le attività rivoluzionarie di leader situati in tutto il mondo. Mazzini incontrò il generale Albert Pike poco dopo che il presidente Jefferson Davis aveva sciolto le sue truppe ausiliarie indiane a causa delle atrocità che avevano commesso sotto il mantello della guerra. Pike aveva una mentalità totalitaria e accettò subito di unirsi agli Illuminati.

Nel 1850, all'età di 41 anni, Albert Pike si infiltrò nella Massoneria e fu iniziato nella Loggia Western Star di Little Rock, in Ark. Sostenuto dagli Illuminati, la sua ascesa all'interno della massoneria fu fenomenale.

1859, il 2 gennaio, Pike fu eletto Sovrano Gran Commendatore del Supremo Consiglio della Giurisdizione del Sud degli Stati Uniti. Entrò in stretto contatto con un adepto del Credo Luciferiano di nome Moses Holbrook, che era Sovrano Commendatore del Supremo Consiglio di Charleston, S.C. Insieme elaborarono il rituale per una versione modernizzata della "Messa Nera" luciferiana, che si basa sugli insegnamenti cabalistici. Poi Holbrook morì e Pike introdusse la "Messa dell'Adonaicidio" che doveva essere usata da coloro che erano stati ammessi al segreto completo e al grado finale dei Nuovi Riti Palladiani.

Il rituale della "Messa dell'Adonaicidio" prevede che il celebrante inizi la sacerdotessa, che interpreta la parte di Eva, ai piaceri del sesso insegnati a Eva da Satana. In questo modo si perpetua la vittoria di Satana su Eva e si ricorda ai presenti come il sesso sia ancora usato per far sì che anche coloro che si vogliono controllare disertino da Dio.

Il rituale prevede anche l'immolazione di una vittima, umana, animale o animale da cortile. Questo sacrificio viene offerto a Lucifero per commemorare la vittoria della Sinagoga di Satana su Cristo. Il sangue della vittima viene fatto circolare e sorseggiato dai presenti, poi si mangiano parti della carne. Questo viene fatto per ridicolizzare Cristo che ci ha detto che "chi mangia la mia carne e beve il mio sangue avrà la vita eterna". Nota: la polizia di Chicago sta ancora indagando su tre omicidi rituali di questo tipo.

Il celebrante dissacra e profana anche un'ostia consacrata da un sacerdote della Chiesa cattolica romana. Questo atto viene compiuto per dimostrare ai presenti che Dio (Adonay) non è supremo. Indica anche la determinazione dei presenti a distruggere tutte le altre religioni. Nota: proprio di recente, alcuni agenti degli Illuminati hanno rubato il tabernacolo da una chiesa cattolica romana del New Jersey per ottenere le ostie consacrate.

Tutte le Messe Adonaicide terminano con un'orgia di mangiate, bevute e indulgenze sessuali. Pike ha dichiarato: "Affinché un adepto dei gradi più alti abbia il completo controllo delle sue passioni, che portano tanti cuori fuori strada, devi usare le donne spesso e senza passione; diventerai così padrone dei tuoi desideri e incatenerai le donne". Pike scrisse anche: "Le Logge di Fratelli che non annettono una loggia di sorelle per l'uso comune sono incomplete". Si veda la pagina 578 di "*La Femme et L'enfant dans la Franc-Maconnerie Universelles*" di A.C. De La Rive, che tratta specificamente delle Logge di Adozione utilizzate per introdurre le donne nei riti palladiani. Nota: Wilma Montesi è morta dopo essere stata usata come sacerdotessa in una messa adonaica. Aveva partecipato a una maratona sessuale. Morì per un'overdose di farmaci, somministrati per stimolare l'appetito sessuale, e per sfinimento fisico. Il suo corpo fu trovato su una spiaggia vicino a Napoli, in Italia. Lo scandalo coinvolse alti funzionari della Chiesa e dello Stato italiani.

Per la sua diligenza nella causa luciferiana, Pike fu eletto Sovrano Pontefice della Massoneria Universale. In questa veste fu assistito da dieci Antichi della Loggia Suprema del Grande Oriente di Charleston, S.C. Lavorando nella villa che costruì a Little Rock, in Ark, nel 1840, egli elaborò il progetto per le fasi finali della cospirazione luciferiana. Come dimostreremo in seguito, il cataclisma sociale finale sarà tra le masse controllate dagli atei-comunisti e le masse che aderiscono alla religione cristiana. È questo piano diabolico che giustifica la definizione del termine "Goyim" come "bestiame umano preparato per il macello".

Per mettere in atto questo piano di ispirazione diabolica, Pike organizzò i Nuovi Riti Palladiani. Ordinò a Mazzini di istituire consigli supremi a Roma e a Berlino per lavorare in collaborazione con il quartier generale che aveva stabilito a Charleston, S.C. Il consiglio supremo di Roma doveva dirigere l'"Azione politica"; quello di Berlino doveva essere il Direttorio dogmatico. I tre consigli supremi dovevano dirigere le attività sovversive degli altri 23 consigli Pike organizzati in località strategiche in Nord America, Sud America, Europa, Asia, Africa e Oceania. Nota: furono i membri esecutivi di questi consigli a recarsi in Georgia per partecipare all'incontro segreto tenutosi al King & Prince Hotel di St. Simon's Island dal 14 al 17 febbraio 1957, come riportato nel numero di maggio di N.B.N.

Per dimostrare che il "Segreto Completo" viene reso noto solo a coloro che si qualificano per l'iniziazione all'ultimo grado del Rito Palladiano, che li rende membri della Grande Loggia Bianca e Sommi Sacerdoti del Credo Luciferiano, citeremo una lettera scritta da Mazzini al dottor Breidenstine prima di essere nominato adepto del rito finale. Egli scrisse:

> Formiamo un'associazione di fratelli in tutti i punti del globo. Vogliamo spezzare ogni giogo. Eppure ce n'è uno che non si vede, che si sente appena, ma che pesa su di noi. Da dove viene? Dove si trova? Nessuno lo sa, o almeno nessuno lo dice. Questa associazione è segreta anche per noi, veterani delle società segrete.

Per poter provocare il cataclisma sociale finale tra comunisti e cristiani, Pike doveva mettere gli Illuministi a controllare le politiche del Vaticano. Per permettere agli Illuminati di infiltrarsi in Vaticano, Pike ordinò a Mazzini di creare un'atmosfera anti-vaticana in Europa fino a quando, come sappiamo, la vita di tutti i vaticani fu minacciata. Allora Karl Rothschild, figlio di Mayer Anselm Rothschild (che aveva finanziato l'organizzazione degli Illuminati di Weishaupt), intervenne a favore del Vaticano con la motivazione di voler evitare inutili spargimenti di sangue. Uno dei più alti membri degli Illuminati si guadagnò così la gratitudine e l'apprezzamento del Papa e dei funzionari vaticani. In questo modo, essi realizzarono il vanto di Weishaupt quando scrisse: "Ci infiltreremo in quel luogo (il Vaticano) e una volta entrati non ne usciremo più. Lo faremo esplodere dall'interno fino a quando non resterà altro che un guscio vuoto".

Da quando gli Illuminati si sono infiltrati in Vaticano, coloro che dirigono la cospirazione luciferiana hanno fomentato due guerre mondiali, che hanno diviso la cristianità in eserciti contrapposti, i cristiani di tutte le denominazioni si sono fatti fuori a milioni dalla faccia della terra. Il risultato netto è che le masse controllate dal comunismo ateo sono ora pari in forza a ciò che resta della cristianità. Ciò che è accaduto finora è strettamente conforme alla revisione di Weishaupt della cospirazione luciferiana. Il modo in cui è accaduto è rigorosamente conforme al piano d'azione elaborato da Albert Pike, dal 1850 al 1886, nella sua villa di Little Rock, in Ark. L'Archivio Segreto del Vaticano è più completo di qualsiasi altro al mondo. Che differenza ci sarebbe stata nelle pagine della storia se gli Illuminati non avessero avuto il potere di imporre una cospirazione del silenzio a tutti i governi, politici e religiosi.

Ho molte lettere di sacerdoti che hanno vissuto a Roma e studiato in Vaticano. Esse forniscono una grande quantità di prove per dimostrare che il Santo Padre è poco meglio di un prigioniero all'interno del Vaticano, esattamente come il Presidente degli Stati Uniti è prigioniero alla Casa Bianca, la Regina d'Inghilterra è prigioniera a Buckingham Palace e Kruscev è prigioniero al Cremlino. Solo una volta, negli ultimi anni, la costante sorveglianza sul Papa è stata allentata. È stato quando si pensava che Sua Santità fosse in punto di morte. Si dice che fosse caduto così in basso che solo un miracolo moderno avrebbe potuto dargli la forza di convocare un funzionario di cui sapeva di potersi fidare. Ordinò a questo funzionario di inviare un appello su e di chiedere a tutti i cattolici romani di "pregare per la Chiesa silenziosa".

Pike limitò l'iniziazione al Nuovo Rito Palladiano a uomini e donne che avevano dimostrato di aver disertato da Dio e venduto la propria anima a Satana in cambio di successo materiale e piaceri carnali. Ma è tale l'astuzia, e l'astuzia di coloro che controllano la Sinagoga di Satana, che nemmeno i membri del Nuovo Rito Palladiano sono ammessi al segreto completo finché non sono stati sottoposti a ulteriori prove. Il modo in cui la "Grande Loggia Bianca" (i Sommi Sacerdoti del Credo Luciferiano) mantiene il proprio segreto è stato pienamente illustrato quando un altro Atto di Dio ha fatto sì che documenti top secret, emessi da Pike, cadessero in mani diverse da quelle previste. Mazzini morì nel 1872. Pike scelse Adriano Lemmi per succedergli come Direttore dell'Azione Politica. Lemmi era stato iniziato al Nuovo Rito Palladiano. Era un adoratore di Satana.

Pike lo istruì su tutto il segreto. Gli spiegò che Lucifero è l'unico dio diverso da Adonay e che lo scopo ultimo della continua cospirazione è quello di imporre l'ideologia luciferiana al genere umano.

I fatti relativi a questo incidente sono stati rivelati dal libro di Margiotta "Adriano Lemmi Chef Supreme des Franc Masons". Il fatto che solo i pochi iniziati al grado più alto dei Riti Palladiani siano in possesso del segreto completo è stato dimostrato ancora una volta quando Pike ha ritenuto necessario emettere la seguente lettera di istruzioni agli Illuministi che aveva selezionato per dirigere le attività dei 23 consigli che aveva istituito in tutto il mondo. Anche una copia di questa lettera, datata 14 luglio 1889, è andata persa. È citata da A.C. De La Rive a pagina 587 di "*La Femme et L'enfant dans la Franc-Maçonnerie Universelles*".

Citiamo,

> "Se Lucifero non fosse Dio, Adonay, le cui azioni dimostrano la sua crudeltà, la sua perfidia e il suo odio per gli uomini, la sua barbarie e la sua repulsione per la scienza, Adonay e i suoi sacerdoti lo calunnierebbero? Sì!

Lucifero è Dio. E purtroppo anche Adonay è Dio. Perché la legge eterna è che non c'è luce senza ombra, non c'è bellezza senza bruttezza, non c'è bianco senza nero, perché l'assoluto può esistere solo come due dei. Perciò la dottrina del satanismo è un'eresia, e la vera e pura religione filosofica è la fede in Lucifero, l'uguale di Adonay, ma Lucifero Dio della luce e Dio del Bene, sta lottando per l'umanità contro Adonay il Dio delle tenebre e del male".

La storia dimostra che dal 1776 la cospirazione si è sviluppata esattamente come previsto da Weishaupt, semplicemente perché coloro che la dirigono sono stati in grado di mantenere la segretezza sulla loro intenzione finale di schiavizzare ciò che resta della razza umana - corpo, mente e anima. Riveleremo ora i piani che gli Illuminati intendono seguire da qui alla fine.

Sia Weishaupt che Pike richiedevano che il Sionismo politico fosse organizzato, finanziato e controllato dagli Illuminati, in modo da poterlo utilizzare in primo luogo per creare uno Stato sovrano in cui essi, gli Illuminati, avrebbero incoronato il loro leader Re-Despota dell'intero universo, e in secondo luogo per consentire agli Illuminati di fomentare la Terza Guerra Mondiale. Il sionismo politico fu organizzato da Herzl nel 1897. Può qualcuno, ancora in grado di esercitare l'intelletto donatogli da Dio, negare che questa parte del complotto non si stia sviluppando proprio ora nel Vicino e Medio Oriente? Se permettiamo che scoppi la Terza Guerra Mondiale, il sionismo e il mondo musulmano saranno spazzati via e le nazioni rimanenti eliminate come potenze mondiali, quindi solo il comunismo ateo e il cristianesimo rimarranno in piedi tra gli Illuminati e il loro obiettivo.

In una lettera che Pike scrisse a Mazzini il 15 agosto 1871, spiega cosa accadrà quando la Terza Guerra Mondiale sarà terminata. (Una copia di questa lettera su si trova, o si trovava, nella Biblioteca del British Imperial Museum di Londra, Inghilterra).

> Noi (gli Illuminati) scateneremo i nichilisti e gli atei, e provocheremo un formidabile cataclisma sociale che in tutto il suo orrore mostrerà chiaramente alle nazioni gli effetti dell'ateismo assoluto, origine della barbarie e del più sanguinoso disordine. Allora, ovunque, i cittadini obbligati a difendersi dalla minoranza mondiale, o i rivoluzionari, stermineranno quei distruttori della civiltà, e la moltitudine, disillusa dal cristianesimo, i cui spiriti deistici saranno da quel momento senza bussola (direzione) ansiosi di un ideale, ma senza sapere dove rendere la sua adorazione, riceverà la vera luce, attraverso la manifestazione universale della pura dottrina di Lucifero, portata finalmente alla luce del sole, una manifestazione che risulterà dal movimento reazionario generale che seguirà la distruzione del Cristianesimo e dell'Ateismo, entrambi conquistati e sterminati allo stesso tempo.'

Se qualcuno dubita ancora della verità, lasciatemi dire che Sua Eminenza il Cardinale y Rodriguez del Cile ha cercato di avvertire sia i cattolici che i massoni del loro destino imminente nel 1925.

Quando F. D. Roosevelt fu eletto Presidente degli Stati Uniti, era così sicuro che la cospirazione avrebbe raggiunto il suo obiettivo finale durante la sua vita che nel 1933 fece stampare l'insegna degli Illuminati (che Jefferson aveva segretamente fatto imprimere sul retro del Grande Sigillo americano) sul retro delle banconote americane. Questo per comunicare agli Illuministi di tutto il mondo che gli Illuminati avevano ormai il controllo assoluto della finanza, della politica e delle scienze sociali americane. Roosevelt lo chiamò "New Deal".

La politica estera di Roosevelt ha fatto crescere il comunismo ateo fino a renderlo in tutto e per tutto uguale a quello della cristianità. Era così sicuro che sarebbe stato il primo re-despota che nel 1942 ebbe l'audacia di dire a Winston Churchill: "È giunto il momento in cui l'Impero britannico deve essere dissolto nell'interesse della pace mondiale". Questo incidente ebbe luogo a Vallentia Harbout, Terranova, quando i due si incontrarono per la prima volta per discutere della NATO. A quale tipo di pace si riferiva Roosevelt? Alla pace sotto una dittatura luciferiana!

Mostreremo ora come gli Illuminati si siano infiltrati nella Casa Reale britannica. Dal 1942 l'ammiraglio Louis Mountbatten è il "Potere dietro il trono" in Gran Bretagna. Sotto la sua influenza e direzione, l'India e molte altre parti dell'Impero Britannico hanno "ottenuto l'indipendenza". Questo è un modo educato per dire che si sono staccati dalla Corona britannica. Quello che il pubblico pensava fosse un desiderio da parte di Roosevelt sta rapidamente diventando un fatto compiuto. Roosevelt sapeva cosa avevano pianificato gli Illuminati. Il suo lapsus nel parlare con Churchill dimostra la verità del vecchio detto: "Quando si beve, la verità viene fuori". Resta il fatto che l'Impero britannico, in meno di cinquant'anni, si è ridotto dalla più grande potenza del pianeta a una potenza di terza classe. La regina britannica è sposata con il nipote dell'ammiraglio Mountbatten. Filippo è stato "adottato" dall'ammiraglio quando era un ragazzino.

Tutti sanno che il Principe Filippo ha opinioni e punti di vista estremamente liberali. Pochi sanno che è stato educato privatamente, su istigazione dello zio, a Gordonstoun, in Scozia, dal dottor Kurt Hahn, un illuminista che Hitler ha cacciato dalla Germania.

Il dottor Kurt Hahn è indiscutibilmente un agente degli Illuminati. In Germania ha fatto parte del Comitato esecutivo del Partito Comunista, ma non è ateo. Ha diretto la politica comunista in Germania in modo da consentire agli Illuminati di fomentare la Seconda Guerra Mondiale. Prendetelo come volete, resta il fatto che è un sovversivo pienamente informato, altamente addestrato ed esperto.

La scuola di Gordonstoun è solo una delle tre che ha istituito in conformità al piano di Weishaupt per gli Illuminati di indottrinare e addestrare i giovani di famiglie benestanti con tendenze internazionali a diventare agenti degli Illuminati. Le altre due scuole fondate dal Dr. Kurt Hahn si trovano a Salem, in Germania, e ad Anavryta, in Grecia.

Vogliamo che sia assolutamente chiaro che la N.B.N. non dice e non ripete che i giovani così addestrati si rendano conto dello scopo per cui sono stati addestrati. E.H. Norman era un giovane così addestrato. Ha fatto una fine molto difficile. Così come molti altri. Sono solo pedine del gioco.

La regina Elisabetta II è anche capo della Chiesa protestante in Inghilterra. Ovviamente a causa di forze che sfuggono al suo controllo, il canonico C.E. Raven è stato nominato "consigliere" spirituale della Casa Reale. Il canonico si è sposato tre volte. La sua terza moglie si è dichiarata atea.

È stata pubblicizzata come "un'eroina del Movimento di Resistenza francese". Una cosa è certa: da quando è stata fatta questa nomina, Sua Maestà non ha mai fatto riferimento a Dio Onnipotente nei suoi messaggi natalizi al suo popolo. Ma la cosa più significativa è che nel suo ultimo discorso ha usato il gergo degli Illuminati e ha detto: "La reazione a catena delle Potenze della Luce, per illuminare la nuova era (Nuovo Ordine) che ci attende".

Tale è il potere di coloro che dirigono gli Illuminati che hanno incaricato un altro dei loro agenti (anch'egli di nome Hahn) di celebrare l'ascesa al trono di Elisabetta facendo alterare a questo artista canadese di origine tedesca la foto che Sua Maestà aveva approvato per essere utilizzata sulle banconote canadesi.

Hahn nascose abilmente il volto di Satana nell'acconciatura della Regina. Nel simbolismo illuminista questo significava: "Ora abbiamo 'l'orecchio della Regina' I nostri agenti sono così vicini alla sua persona che lei non sospetta nemmeno la loro presenza". N.B.N ha portato questo oltraggio all'attenzione della Camera dei Comuni canadese, tramite John Blackmore, P.M., e di conseguenza sono state realizzate nuove targhe ed emesse nuove banconote. Abbiamo cercato di informare il marito della Regina del vero scopo degli Illuminati, ma finora senza successo.

Da quando Roosevelt è morto, la politica estera americana e quella dell'ONU sono state decise dagli illuministi di del Consiglio delle Relazioni Estere, che occupano l'Harold Pratt Building di New York. Questo quartier generale dell'intrigo internazionale è stato fornito, ed è finanziato, dalle fondazioni esentasse Rockefeller, Ford e Carnegie. Dall'inizio del secolo i Rockefeller hanno assunto la direzione della continua cospirazione dai Rothschild. La politica estera è stata quella di contenere il comunismo, non di distruggerlo. Il comunismo internazionale deve essere mantenuto alla pari con l'intera cristianità, altrimenti il diabolico piano di Pike per il cataclisma sociale finale non potrà essere attuato. È questa politica che spiega perché a MacArthur non fu permesso di distruggere il comunismo durante la guerra di Corea. Fu questa politica a far sì che l'ONU chiedesse a Gran Bretagna e Francia di ritirare le proprie truppe quando sbarcarono a Suez con la ferma intenzione di porre fine alle attività sovversive di Nasser in

Egitto e in Medio Oriente. Quando MacArthur persistette nella sua intenzione di distruggere il comunismo, fu licenziato.

Quando Anthony Eden inviò le truppe in Egitto fu licenziato anche lui. Per cosa? Insubordinazione a coloro che dirigono gli Illuminati?

Fin dai tempi di Jefferson i cittadini degli Stati Uniti sono stati gradualmente condizionati per il giorno in cui gli Illuminati decideranno di prendere il potere. Esattamente la stessa cosa sta accadendo in Canada. Sapremo che l'ora della sottomissione è arrivata quando il Presidente degli Stati Uniti e il Primo Ministro del Canada dichiareranno lo Stato di Emergenza e instaureranno una dittatura militare con la scusa che tale azione è necessaria per proteggere il popolo dall'aggressione comunista. I partiti comunisti, in entrambi i nostri Paesi, vengono "contenuti" perché gli Illuminati intendono usarli per realizzare lo "Stato di emergenza". L'FBI e la RPCM potrebbero, in 48 ore, fare piazza pulita di ogni comunista e di ogni altro tipo di sovversivo, se gli fosse permesso. I capi dell'FBI e dell'RPCM sanno chi sono i poteri segreti. Solo il sostegno generale del pubblico li libererà dalle catene a cui sono legati, come tutti noi.

Quando i comunisti riceveranno l'ordine di ribellarsi, potranno scatenarsi come in Russia fino a quando non avranno assassinato tutti coloro che sono sulle liste di liquidazione degli Illuminati. A quel punto gli agenti degli Illuminati appariranno sulla scena e prenderanno il controllo con la scusa di essere i salvatori del popolo. Lenin si vantava che "quando arriverà il momento gli Stati Uniti cadranno nelle nostre mani (degli Illuminati) come un frutto troppo maturo". Il piano con cui gli Illuminati intendono prendere il controllo dei comunisti è completato.

Il personale è stato selezionato per realizzare i dettagli del piano. Il personale viene addestrato nell'edificio di Chicago noto come "Thirteen Thirteen", sulla 60esima strada est. Si trova in una proprietà dell'Università di Chicago. Questo centro di formazione illuminista è finanziato dalle stesse fondazioni che finanziano il Council of Foreign Relations di New York. Gli Illuministi impegnati in questo progetto si fanno chiamare "Servizi di Pubblica Amministrazione". Fingono di migliorare i governi civici e i servizi sociali. In realtà addestrano agenti selezionati per occupare posizioni chiave a tutti i livelli del governo civico.

I laureati dei Servizi della Pubblica Amministrazione sono già stati inseriti come "specialisti", "esperti" e "consulenti" dagli Illuminati con le seguenti associazioni:

❖ Am Public Works Assn.

❖ Associazione del personale pubblico.

❖ Conferenza del Governatore

❖ Municipal Finance Officers Assn.

❖ Associazione Nazionale Procuratori Generali

❖ International City Mgrs Assn.

❖ Am. Comitato dell'Associazione Internazionale dei Comuni.

❖ Am. Municipal Assn.

❖ Conferenza dei capi dei giudici

❖ Servizio di Pubblica Amministrazione

❖ Istituto nazionale degli impiegati comunali

❖ Nat. Ass. degli Ufficiali di Bilancio degli Stati

❖ Federazione degli amministratori fiscali

❖ Nat. Associazione nazionale per l'edilizia abitativa e il risanamento

❖ Consiglio dei governi statali

❖ Am. Public Welfare Assn.

❖ Centro di compensazione interstatale per la salute mentale

❖ Am. Società per la Pubblica Amministrazione

❖ Am. Society of Planning Officials

❖ Nat. Associazione Nazionale dei Funzionari Valutatori

❖ Nat. Assn. Funzionari degli acquisti statali

❖ Nat. Conferenza legislativa nazionale

La politica di coloro che dirigono i servizi della pubblica amministrazione a "Tredici-Tredici" è quella di far nominare dirigenti comunali gli agenti formati sotto di loro. Questi nominano poi altri laureati di "Tredici-Tredici" a capo dei vari dipartimenti civici. Questi ultimi, a loro volta, coinvolgono altri diplomati di "Tredici-Tredici" fino a quando non hanno il controllo del governo municipale ai vertici. Fingono di lavorare nell'interesse dell'efficienza. In realtà, quello che fanno è usurpare i poteri degli elettori. La Contea di Dade, Miami e Chicago sono già controllate da laureati di "Tredici-Tredici". Nel caso di Miami era necessario che questo controllo fosse stabilito immediatamente. Il sud della Florida è uno dei santuari degli Illuminati, che devono essere in grado di portare i loro amici in quel santuario e di escludere coloro per i quali non hanno alcuna utilità, se e quando verrà dichiarato lo stato di emergenza. Gli Illuministi di Chicago e Miami controllano l'amministrazione civica, non la gente

All'interno delle mura di "Tredici-Tredici", gli agenti degli Illuminati vengono addestrati a prendere il controllo dei governi comunali e dei parlamenti statali e a sottomettere i Goyim (bestiame umano) quando viene loro ordinato di farlo. Viene detto loro che devono innanzitutto rappresentare se stessi come "i salvatori del popolo", inviati per salvare le masse da ulteriori persecuzioni per mano dei comunisti. Viene loro insegnato come sottrarre le masse all'oppressione comunista e porle sotto un nuovo assoggettamento da parte degli Illuminati. Questa, signore e signori, è la situazione. Se desiderate essere meglio informati su "Tredici-Tredici", inviate "Closer-Up", c/o Time for Truth Press, P.O. Box 2223, Palm Beach, U.S.A.

Il nostro scopo nello scrivere questo articolo è dimostrare che gli Illuminati sono stati organizzati da Weishaupt per dirigere la cospirazione luciferiana verso il suo obiettivo finale; dimostrare che gli Illuminati sono controllati ai vertici dalla Sinagoga di Satana. La S.O.S., a sua volta, è controllata da pochi che sono, in realtà, i sommi sacerdoti del Credo Luciferiano, noto anche come "Grande Loggia Bianca". Abbiamo anche cercato di dimostrare che lo scopo nascosto della gerarchia luciferiana è quello di impedirci di stabilire il piano di Dio per il governo della creazione su questa terra, per evitare che la volontà di Dio sia fatta qui come in cielo. Il loro obiettivo è imporre l'ideologia luciferiana all'umanità e far rispettare i loro editti con il dispotismo satanico. A scopo di inganno si riferiscono alla dittatura totalitaria luciferiana con il nome di "Nuovo Ordine".

L'ideologia luciferiana richiede che il Nuovo Ordine sia composto da due classi: i governanti e gli schiavi. Il sovrano e i suoi governanti saranno costituiti dai Sommi Sacerdoti del Credo Luciferiano, dai loro Illuminati e agenti di alto livello, da alcuni milionari, scienziati, economisti e professionisti che si sono dimostrati devoti alla Causa Luciferiana, con un numero sufficiente di poliziotti e soldati per imporre l'obbedienza ai Goyim.

Tutti gli altri esseri umani devono essere ridotti a un livello comune incrociando bianchi, neri, gialli e rossi. La mongrelizzazione della razza umana deve essere realizzata rapidamente attraverso l'inseminazione artificiale. Le donne saranno scientificamente selezionate e utilizzate come incubatrici umane. Saranno rese gravide con lo sperma prelevato da maschi appositamente selezionati. Il tasso di natalità sarà strettamente limitato alle esigenze dello Stato. Come è scritto nel piano diabolico degli Illuminati, "dopo che avremo ottenuto il controllo, il nome stesso di Dio sarà cancellato dal lessico della vita". Nel gergo degli Illuminati ciò significa che la psicopolitica scientificamente applicata (lavaggio del cervello) sarà usata per cancellare dalle menti degli schiavi umani ogni conoscenza di Dio Onnipotente (Adonay). Gli Illuministi intendono rendere zombie tutti coloro per i quali non hanno un uso speciale.

Permettetemi di lanciare questo ultimo avvertimento. Le guerre (indipendentemente dal fatto che si chiamino guerre aggressive o preventive), le rivoluzioni (indipendentemente dal fatto che si chiamino o meno controrivoluzioni), l'intolleranza razziale, l'intolleranza religiosa, il bigottismo religioso, la persecuzione e l'odio non forniranno una soluzione al nostro problema. Solo facendo conoscere tutta la verità metteremo fine alla cospirazione luciferiana su questa terra. Se continuiamo a tacere, a causa dei rischi che comporta, la cospirazione luciferiana progredirà fino al cataclisma sociale finale, quando i Goyim, con l'uso di bombe atomiche e gas nervini, si massacreranno a decine di milioni mentre gli Illuminati e i loro amici si crogioleranno nel lusso sulle spiagge assolate dei loro santuari. Coloro che desiderano alzarsi e farsi valere per Dio e contro Lucifero non hanno bisogno di armi. Non hanno bisogno di denaro. Tutto ciò di cui hanno bisogno è indicato chiaramente nelle Scritture. Leggete Efesini 6:10-17.

> Fratelli, siate rafforzati nel Signore e nella sua potenza. Rivestitevi dell'armatura di Dio, per poter resistere alle insidie del diavolo".

> Perché la nostra lotta non è contro la carne e il sangue, ma contro i Principati e le Potenze, contro i dominatori di queste tenebre, contro le forze spirituali della malvagità nell'alto. Prendete dunque l'armatura di Dio, per resistere nel giorno del male e per essere perfetti in ogni cosa. State dunque in piedi, avendo cinto i vostri lombi con la verità, avendo indossato la corazza della giustizia e avendo i piedi calzati con la prontezza del vangelo della pace; in ogni cosa prendete lo scudo della fede, con il quale potrete spegnere tutti i dardi infuocati del malvagio. E prendete con voi l'elmo della salvezza e la spada dello spirito, cioè la parola di Dio".

Potrebbe esserci qualcosa di più chiaro e limpido? Le uniche persone che dovremmo odiare sono quelle della Sinagoga di Satana. Sono lupi travestiti da pecore.

Sono quelli che Cristo ha odiato e smascherato. Se rompiamo la cospirazione del silenzio, se insistiamo affinché i nostri rappresentanti eletti smettano di giocare alla politica e si mettano al lavoro per stabilire il piano di Dio per il governo della creazione su questa terra, allora Dio interverrà a favore di coloro che dimostrano di voler far parte dei suoi eletti. La questione dipende da noi. Siamo noi a dover prendere una decisione. Se desideriamo sinceramente vivere per l'eternità secondo il piano di Dio, l'unico modo per dimostrare la nostra sincerità è lavorare per mettere in atto il suo piano su questa terra. Il piano di Dio è descritto nei dettagli nelle Sacre Scritture. Non è in accordo con la Carta delle Nazioni Unite o con l'ideologia esposta dai mondialisti.

Spedite o distribuite copie di questo numero a tutti coloro che vi vengono in mente. È meraviglioso il risultato che si ottiene quando qualche copia finisce in buone mani. Se credete a ciò che vi abbiamo spiegato, è vostro dovere trasmettere questa conoscenza al maggior numero di persone che potete contattare. Alcuni accetteranno la conoscenza e la verità. Altri la rifiuteranno. Questo non vi riguarda. Sarete giudicati per l'impegno che metterete nel lavoro, non per i risultati che otterrete. Non dovete diventare un parassita.

Usate la pazienza invece della clava. Usate la ragione invece dell'abuso. Siate gentili e premurosi, invece di essere aggressivi e pugnaci. Fate riflettere le persone e poi lasciate che pensino di aver risolto la questione da soli. Coloro che servono gli Illuminati dedicano ogni ora di veglia a promuovere la loro causa. Possiamo noi, se vogliamo guadagnarci la nostra ricompensa eterna, fare di meno?

Abbiamo bisogno della collaborazione del clero di tutte le religioni che insegnano a credere in un Dio diverso da Lucifero. In particolare, abbiamo bisogno dell'interesse attivo di tutti i ministri della religione cristiana. Se riusciamo a convincerli a sollevare il coperchio e a rompere la cospirazione del silenzio, e a dire tutta la verità alle loro congregazioni, gli Illuminati non potranno procedere con il loro piano per fomentare la Terza Guerra Mondiale e il cataclisma sociale finale. I sacerdoti ordinati da Dio si assumono una grande responsabilità quando accettano gli ordini sacri. Indipendentemente da quali possano essere le conseguenze, essi sono tenuti, per dovere e onore, a dire ai membri del loro gregge tutta la verità. Se non lo fanno, lasciano le loro cariche vittime innocenti di coloro che cercano di impossessarsi delle loro anime immortali.

In conclusione, pongo ai 400.000.000 di cattolici sparsi nel mondo questa domanda. Se ciò che ho spiegato in questo articolo non è la verità, perché recitate la seguente preghiera dopo ogni messa bassa? Santo San Michele, Arcangelo, difendici nel giorno della battaglia; sii la nostra salvaguardia contro le insidie e la malvagità del diavolo. Che Dio lo rimproveri, lo preghiamo umilmente; e tu, o Principe delle schiere celesti, con la potenza di Dio, ricaccia all'inferno Satana e tutti gli spiriti malvagi che vagano per questo mondo cercando la rovina delle anime".

O quello che vi diciamo riguardo alla cospirazione luciferiana è la verità o le parole della preghiera di cui sopra sono senza senso. So chi ha composto questa grande preghiera. Vi ho detto perché l'ha composta. Sono certo che Dio è pronto ad ascoltare le nostre preghiere non appena dimostriamo, con i fatti, di essere degni del suo intervento.

Epilogo

Informazioni sull'autore

Le ultime due opere del comandante Carr sono state pubblicate postume. La prima e la più piccola è la presente opera. Esse trattano della Cospirazione Internazionale e si basano su indagini e studi che lo hanno portato in quasi tutti i paesi del mondo.

Carr ha avuto una carriera navale eccezionale. Il suo profondo background in storia e geopolitica, unito a una mente penetrante, ha reso efficace il suo incessante tentativo di ricondurre gli eventi alla loro origine e i concetti alla loro conclusione finale.

The Conspiracy non è per gli ingenui della politica (che siano il prodotto di una formazione universitaria formale o meno). È per coloro che sono già consapevoli che la nostra civiltà occidentale sta scivolando verso il basso sotto una serie di influenze che giocano di concerto al di là di quanto ci si potrebbe aspettare dal semplice caso.

Scrivendo per questi uomini, Carr non mostra nulla della vendicatività che caratterizza alcuni che professano tendenze patriottiche. Carr consiglia amore e pazienza.

> "Sarete giudicati per l'impegno che metterete nel lavoro, non per i risultati che otterrete. Non dovete diventare una peste. Usate la pazienza invece della clava. Usate la ragione invece dell'abuso. Siate gentili e premurosi invece

di pugnaci e aggressivi. Fate riflettere le persone e poi lasciate che sentano di aver pensato da soli alla questione

Non c'è da stupirsi che i libri di Carr siano stati accolti così bene. Alcuni sono stati stampati più volte. Anche se è deceduto, si può facilmente immaginare che sia impegnato nella causa della verità nel suo attuale stato.

Altri titoli

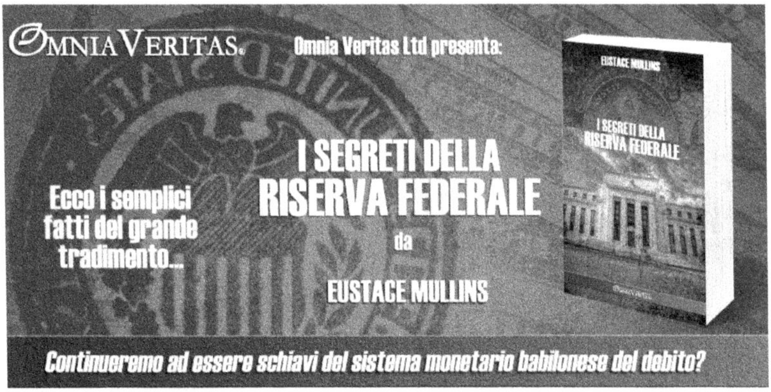

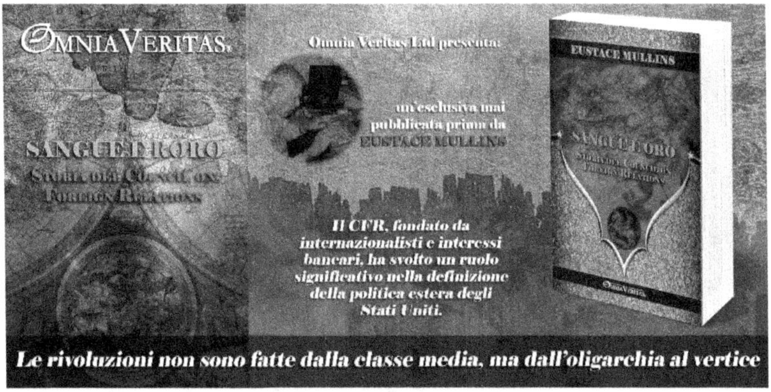

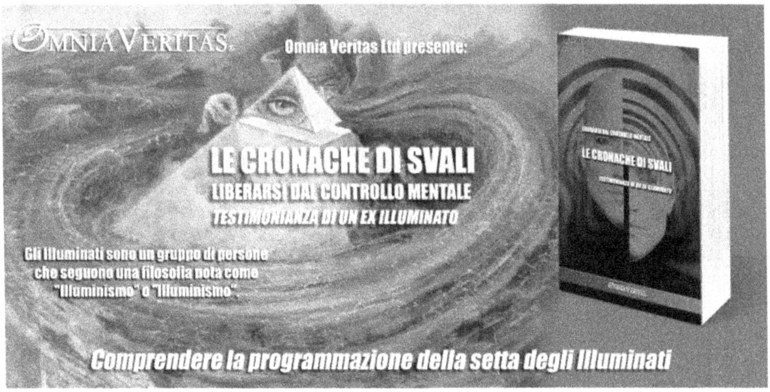

Il ruolo del Mossad e di Israele nel crimine del secolo

Ciò che la maggior parte dei ricercatori non si è mai preoccupata di esaminare

I sostenitori di Israele hanno dirottato la politica internazionale degli Stati Uniti

OMNIA VERITAS LTD PRESENTA:

IL NEMICO INTERNO

I capri di Giuda

Michael Collins Piper

Invece di permettere agli ebrei di continuare con il loro pericoloso approccio razzista e suprematista, definendosi "popolo eletto da Dio", gli americani dovrebbero reagire...

Voltiamo le spalle alla lobby sionista e cambiamo la politica degli Stati Uniti!

OMNIA VERITAS LTD PRESENTA:

I SOMMI SACERDOTI DELLA GUERRA

Michael Collins Piper

La base dell'agenda neoconservatrice - fin dall'inizio - non è stata solo la sicurezza, ma anche l'avanzata imperiale dello Stato di Israele...

La Guerra Fredda era davvero una bufala...

OMNIA VERITAS LTD PRESENTA:

LA NUOVA GERUSALEMME

Il potere sionista in America

Michael Collins Piper

Lo Stato di Israele non è altro che il simbolo di un antico sogno che, di fatto, si è avverato proprio qui negli Stati Uniti: la nuova Gerusalemme...

Coloro che regnano con la sola forza del loro potere finanziario....

OMNIA VERITAS

"Non nega, ma cerca di affermare in modo più preciso. I revisionisti non sono "negazionisti"; si sforzano di cercare e trovare dove, a quanto pare, non c'era più nulla da cercare o trovare".

OMNIA VERITAS LTD PRESENTA:

ROBERT FAURISSON

SCRITTI REVISIONISTI
I

1974-1983

ROBERT FAURISSON

SCRITTI REVISIONISTI
I
1974-1983

Il revisionismo è una questione di metodo, non di ideologia

OMNIA VERITAS

Le organizzazioni ebraiche e sioniste di tutto il mondo stanno vivendo una tragedia. Sta per essere smascherato un mito che hanno cercato di sfruttare: il mito del cosiddetto "Olocausto degli ebrei durante la Seconda guerra mondiale".

OMNIA VERITAS LTD PRESENTA:

ROBERT FAURISSON

SCRITTI REVISIONISTI
II

1984-1989

ROBERT FAURISSON

SCRITTI REVISIONISTI
II
1984-1989

I revisionisti non hanno mai negato l'esistenza dei campi

OMNIA VERITAS

"Per sua natura, il revisionismo non può che turbare l'ordine pubblico; dove regnano tranquille certezze, lo spirito di libero esame è un intruso e provoca scandalo".

OMNIA VERITAS LTD PRESENTA:

ROBERT FAURISSON

SCRITTI REVISIONISTI
III

1990-1992

ROBERT FAURISSON

SCRITTI REVISIONISTI
III
1990-1992

Tutti hanno il diritto di dire che le camere a gas non sono esistite

Omnia Veritas Ltd presenta:

IL TALMUD SMASCHERATO

da

I. B. PRANAITIS

Molte persone interessate nella questione ebraica sono solite chiedere se ci sia o no qualcosa nel Talmud che non sia bello

La confusione di opinioni a questo riguardo è talmente grande

OMNIA VERITAS LTD PRESENTA:

LA TRACCIA DELL'EBREO NEI SECOLI

Uno dei segni più caratteristici e significativi dell'ostilità degli ebrei verso gli europei è l'odio per il cristianesimo...

Non sorprende quindi che la Chiesa abbia sempre più proibito le opere ebraiche...

Omnia Veritas Ltd presenta:

NORIMBERGA
OSSIA LA TERRA PROMESSA

DA

MAURICE BARDÈCHE

Io non difendo la Germania: difendo la verità

Noi viviamo su un "falso" della storia

OMNIA VERITAS
OMNIA VERITAS LTD PRESENTE:
COUDENHOVE-KALERGI
IDEALISMO PRATICO
NOBILTÀ - TECNOLOGIA - PACIFISMO
Sia nelle democrazie repubblicane che in quelle monarchiche, gli statisti sono burattini e i capitalisti tiratori di corde: sono loro a dettare le linee guida della politica.
La struttura sociale feudale è stata sostituita dalla struttura sociale plutocratica: non è più la nascita a determinare la posizione sociale, ma il reddito. La plutocrazia di oggi è più potente dell'aristocrazia di ieri, perché nulla è al di sopra di essa, tranne lo Stato, che ne è strumento e complice.
IDEALISMO PRATICO
Il piano Kalergi per la distruzione dei popoli europei
Il piano Kalergi per la distruzione dei popoli europei

OMNIA VERITAS
MK ULTRA
Abuso rituale e controllo mentale
Strumenti di dominazione della religione senza nome
Per la prima volta, un libro tenta di esplorare la complessa questione dell'abuso rituale traumatico e del conseguente controllo mentale....
MK ULTRA
Come è possibile programmare mentalmente un essere umano?